LA AUTONOMÍA DE LOS NO-VIVOS

Primera edición: 2021
Publicado por Editorial Dialektika

Edición: Dr. Jorge González Arocha, Dr. Miguel Domínguez
Ilustración de cubierta: Erick Miraval
Diagramación: Gabriel T. Beregovenko - RPPH Inc.
Diseño: RPPH Inc.

ISBN:
Versión digital / eBook: 978-1-954987-00-5
Versión impresa / paperback: 978-1-954987-10-4

LA AUTONOMÍA DE LOS NO-VIVOS

LA IMAGEN COMO REPRESENTACIÓN
PRODUCTIVA EN LA CULTURA DIGITAL

———

Ramsés Radi

(DK)

ÍNDICE

DEDICATORIA

Carmona Parrado, Agustín

Domínguez Camacho, Miguel

Domínguez Méndez, Miguel

Freire, Jorge

González Arocha, Jorge

González Calvo, Irene L

Guas García, Lorena

Hernández Gil, Isabel

Junquera Saíz, Julia

Martínez Luna, Sergio

Miraval, Erick

Radi Hernández, Nasser

Revista Dialektika

Sánchez, Antonio

UNED

IMAGO MUNDI
JORGE FREIRE

¿Será cierto el dictum rousseauniano de que el hombre nace libre y en todas partes está encadenado? No hay manumisión posible para quien se unce voluntariamente el yugo. Vivimos aherrojados con las mismas cadenas que, por mor de la fiebre tecnolátrica, nosotros mismos nos hemos forjado.

Digna de encomio es la originalidad y la inteligencia con que *La autonomía de los no-vivos* analiza el panóptico de nuestro tiempo: el *Big Data*. Su autor, el filósofo Ramsés Radi (Madrid, 1982), se atreve a señalar que el emperador va desnudo, mientras los demás elogian la bella urdimbre de su vestido.

Como dice Radi, «estos algoritmos cumplen la doble función de predecir nuestras necesidades, adelantarse a nuestras elecciones y convertirnos en sospechosos potenciales de diversas actividades criminales». Hoy ya recibimos información personalizada en función de nuestras búsquedas y conversaciones. Coinciden gurúes, expertos y mercachifles en que pronto las dilataciones de nuestra pupila al leer en el *ebook* ofrecerán información valiosa a los anunciantes. Según Ray Dalio, pronto las decisiones gerenciales estarán automatizadas en todas las empresas, de manera que ya no nos despedirá un departamento de recursos humanos, sino un algoritmo. Las máquinas de aprendizaje adaptativo nos pondrán el café y nos cortarán el pelo. Las plataformas musicales se servirán de nuestras pulsaciones para ofrecernos *playlists* acordes a nuestro estado de ánimo. Los borborigmos de nuestro estómago al mediodía nos harán llegar oportunos anuncios de suculentas pizzas... Podríamos seguir. ¿Cuándo explotará esta burbuja? Puede que, andando el tiempo, esta fiebre de los metadatos sea un fenómeno similar a lo que las hipotecas *subprime* o las *puntocom* fueron hace unos años...

Especialmente valioso en el segundo capítulo, en que Radi se sirve de su experiencia como fotógrafo, profesión en la que cuenta con un gran reconocimiento, y de su formación de filósofo para abordar la espectacularización del sistema. Dice el viejo *koan zen*: si un árbol cae y nadie lo oye, ¿hace algún ruido? Hoy cabría preguntarse: si una persona no está en redes, ¿existe de verdad? El número de *likes* sirve de escantillón para hallar la medida del mundo:

desde la belleza de un rostro a la calidad de un libro. Difícil
es negar que ser es ser percibido, como acuñase el padre
Berkeley hace tres siglos. ¿Acaso los muros virtuales son
una *imago mundi* que, a semejanza de los templos
medievales, sirven para reflejar nuestra interioridad?
Advierte Radi de que «el vasto paraíso de Internet puede
acabar por convertirse en un pequeño pueblo donde todos
se conocen». ¿Qué tipo de sociedad rige en el poblachón
de unos y ceros? Democrática, seguro que no. La incesante
especialización del conocimiento lleva al repliegue cívico
y este, a la anomia. En la república platónica de los expertos,
el saber se confunde con la mera gestión de datos. Por eso
es bueno recordar que el cálculo es transparente, cerrado
y previsible, mientras que el pensamiento es oscuro, abierto
e imprevisible: es decir, dialéctico. De nada sirve confinarlo
en cámaras individuales, pues lo anima un vigor
espontáneo que rebasa los muretes de cualquier disciplina.
Como dijo John Stuart Mill, quien solo conoce su lado del
asunto, poco sabe de él. Convertidas «en un confesionario
a modo de *reality show*», las redes sociales positivan el
sufrimiento, según el autor, para convertirlo en producto.
Se trata de lo que Ian McEwan denominó, en una de sus
mejores novelas, la «pornografía del demócrata». Tras sufrir
una terrible desgracia, el protagonista de *Niños en el tiempo*
quedaba en dique seco durante varios meses. Pasaba los
días boquia-bierto, en una especie de estado cataléptico,
mirando de hito en hito programas de telebasura. Lo único
que parecía confortarlo era el espectáculo que personas
más desgraciadas ofrecían al deshonrarse públicamente o
al compartir su pena. Probablemente, el éxito de algunos

productos resida en su miseria moral. No solo pienso en redes y en *realities*, sino también en algunos libros autobiográficos que gozan de enorme predicamento. Todos ellos despiertan la delectación de quienes, incapaces de aspirar a la virtud, se refocilan en la abyección ajena.

Llegan nuevos vientos a la filosofía. Esta, según Platón, es un saber que tiene alas. ¿Por qué, entonces, casi todo lo que se publica es plúmbeo e indigesto? Desde la noche de los tiempos, el ser humano viene haciéndose unas preguntas; estas seguirán repitiéndose mientras la raza exista. Y la filosofía académica es, querámoslo o no, un enorme espigón contra el que van a estrellarse todas ellas. Afortunadamente, de vez en cuando se cuela el aire fresco por los resquicios de sus escolleras. El estimulante libro que tienes entre manos, lector, es buen ejemplo de ello.

Sostiene Radi que «el poder del anonimato parece un factor decisivo frente a la exposición total. La invisibilidad es una habilidad o superpoder recurrente en los personajes de ficción. Es un privilegio allá donde todo lo demás se da ya expuesto, donde la privacidad fluye en lo alto de la nube de las grandes corporaciones mediáticas». Sin embargo, vivir *off the grid* no parece posible. «En todas las mesas hay siempre un *smartphone* esperando para registrar el momento». En una época dominada por el deseo de diferenciarse, nada hay más noble que aspirar a una honrosa generosidad. ¿No decía Balzac que la pasión del incógnito era un placer de príncipes? Sospecho que, en general, para experimentar la dicha es preceptivo ser un feliz don nadie. *Kryptesthai philei* reza uno de los fragmentos de Heráclito:

a la naturaleza le gusta ocultarse. Dos siglos después, Epicuro sintetizó el secreto de la felicidad en una breve frase: *lathe biosas*, vivir ocultos. Bueno es recordarlo hoy. Lo que Radi propone sería como calzarse el anillo de Giges. ¿Será eso posible?

Ramsés Radi

INTRODUCCIÓN

«Es por la desesperanza de no poder ser nobles y bellos si-
guiendo los medios naturales, que nos maquillamos tan
extrañamente el rostro».

Charles Baudelaire, *La Fanfarlo y otras narraciones*

«People's fantasies are what give them problems. If you
didn't have fantasies you wouldn't have problems because
you'd just take whatever was there».

Andy Warhol, *Fame*

La fotografía «como forma masiva de apropiarse del
acontecimiento»[1] y la experiencia por parte de las masas
ha propiciado un discurso vacío y fragmentario. Su continente, aquello que le da forma, no es otra cosa que los
patrones marcados por las sociedades neoliberales en un
leguaje plagado de simplificaciones atractivas y simbólicas
que no van más allá del mero captar nuestra atención. En
el continente de estos flujos de información se propagan
y se aplican los valores ideológicos y morales intrínsecos
a los nuevos sistemas de producción. Dentro de las redes
sociales ya nos encontramos «una cierta moral visual su-

puestamente globalizable, materializada en las diferentes normas comunitarias»[2]. Sin embargo, lo que nos interesa aquí no es tanto el establecimiento de los límites éticos de la tolerancia visual y su censura, como el de los valores estéticos, emocionales y productivos implícitos en un sistema que define los nuevos estereotipos deseables del sujeto contemporáneo.

Nos enfrentamos a un mapa de deseos trazado en la superficie, cuyas calles están vacías de contenido, convirtiéndonos en aquellos decorados cinematográficos en los que, al atravesar el umbral de sus casas inacabadas, no encontramos más que cuatro andamios y un lienzo gris. Y es en esta sombra donde el yo más íntimo anhela el descanso y busca refugio frente a la exposición de un sol abrasador.

Como en los tiempos del *arte pop*, lo hemos visto todo: hay un acceso generalizado y digitalizado a la cultura y a los medios de producción audiovisual y editorial. Nuestra cotidianeidad es reproducida cada segundo, generando ya no un espejo de nuestra realidad sino un escenario donde se interpreta, donde todos somos actores sonrientes.

En el siglo XXI la saturación y el devenir constante de información ha creado un desinterés general por la reflexión y la argumentación. Nuestros *posts* y actualizaciones son fugaces y caducos. A saber, este movimiento dinámico necesita de una superficialidad donde la mirada nerviosa se desliza bordeando la profundidad mucho más lenta de la argumentación. Este canto rodado planea velozmente sobre las aguas del estanque; de lo contrario se hundirá y lo perderemos de vista.

La democratización del arte dada por la accesibilidad masiva a las herramientas audiovisuales y a los medios de producción hace que las redes sociales se hayan convertido en el lienzo sobre el que representamos estéticamente la creación espectacular de nuestro yo hacia fuera. Un yo arrojado a los otros en esta *inversión de la vida*[3] que, una vez lanzada a la red, se mueve por sí sola. Esta *motilidad*[4] de la imagen es la autonomía de lo *no-viviente*[5]. Nuestros apéndices sin vida son *la sociedad misma y el instrumento de unificación*[6] de los nuevos sistemas de producción neoliberales. Aquel tradicional halo tanático de la fotografía emite ahora ciertas convulsiones a través de una ventriloquía interactiva que las hace parecer más vivas y más cercanas de lo que están. Estas convulsiones son un destello del original, del aura que se encuentra detrás del entramado artístico de la representación.

Ramsés Radi

CAPÍTULO I

PRODUCCIÓN, HOMOGENEIDAD Y VIGILANCIA

«…la información es mercancía e ideología a la vez».

Román Gubern, *El Eros Electrónico*

1

Estamos asistiendo a la homogenización de los valores neoliberales mediante el flujo del capitalismo económico y su espectacularización, que ha popularizado los ideales culturares occidentales. Estos, si bien ya fueron exportados mediante el cine y la publicidad, ahora proporcionan un lugar común y seguro donde ponerlos en práctica; donde crear nuestra propia película y expresarnos libremente dentro de los límites establecidos a los que se aplica la censura tipificada en las normas de uso de cada aplicación. Incluso en países como China, donde se ejerce el bloqueo digital sobre los grandes proveedores de Internet y servicios digitales de Silicon Valley como Google, Instagram o Facebook, encontraremos redes sociales paralelas como Weibo, Wechat o TikTok[7] , donde se siguen propagando los mismos estereotipos individualistas y espectaculares que nos convierten en mercancía.

Unos estereotipos, como el del individualismo extremo y la ilusión de libertad radical y espontaneidad, que chocan ciertamente con el marco cultural de aquellos países en los que la tradición perpetúa unos valores contrapuestos a los modelos occidentalizados, expresados en el imaginario de las sociedades capitalistas liberales. Todos estos valores e ideales que componen el discurso neoliberal se expresan por medio de imágenes.

Son imágenes que traspasan la frontera física e idiomática, imágenes de consumo universales que, como imágenes que son, se expresan haciendo gala de la reducción, el estímulo y la inmediatez. Es en estos nuevos medios de producción donde se concentran y se cohesionan las masas a nivel global; unas masas que no descansan jamás.

2

Debajo de esta gigantesca galería pictórica, de este infinito imaginario, se esconden el *Big Data* y los sistemas de control gubernamentales. Estos servicios, aparentemente gratuitos, acumulan y comercializan nuestra actividad e información privada a la par que alimentan los nuevos sistemas de vigilancia, conformando lo que denomina Christian Fuchs como *Big Data capitalism*[8], y que le ha valido el apelativo de «el petróleo del Siglo XXI»[9] ; acumular datos es acumular poder.

La economía de los *social media* se sustenta mediante la producción voluntaria y gratuita de contenido digital, a saber, el *unpaid digital labour*[10] de los usuarios. Citando a Debord:

«El espectáculo somete a los hombres vivos en la medida que la economía les ha sometido totalmente. No es más que la economía desarrollándose por sí misma»[11].

De este modo, toda producción estética en la red, indirectamente por parte del emisor (aunque sin olvidar que este ha firmado el contrato de privacidad que la mayoría nos resignamos a no leer) y directamente por parte del medio que lo sustenta, es mercantilizada por las agencias de publicidad y puesta a disposición de los gobiernos. Así bien, estos algoritmos cumplen la triple función de predecir nuestras necesidades, adelantarse a nuestras elecciones y convertirnos en sospechosos potenciales de diversas actividades criminales. Es inevitable que al hablar de sistemas de vigilancia se nos venga a la memoria el recurrente panóptico foucaultiano. Sin embargo, según Fuchs, encontramos aquí dos vigilantes en la torre: «Decentralised surveillance technologies collect Big Data in many places. This data is networked and controlled by two central panoptic collective actors: capital and the state»[12].

No solo sufriremos el control de estos dos panópticos anteriormente mencionados. Si bien los algoritmos no tienen ética, sí que existe otro tipo de control más humano. El hecho de haber sido capaces de integrar todas nuestras conexiones sociales en plataformas como Facebook o Instagram sugiere que todas aquellas personas con las que nos topamos a lo largo de nuestra vida estarán registradas en una u otra plataforma, y el vasto paraíso de Internet puede acabar por convertirse en un pequeño pueblo donde todos se conocen. Es lo que Dunbar denomina como *the electronic village*[13]. Como en cualquier comunidad que se precie, subyacen ciertas convenciones y, por ende, se nos aplican y nos autoaplicamos la censura y el juicio en cada representación.

3

«El neoliberalismo es un sistema muy eficiente, incluso inteligente, para explotar la libertad. Se explota todo aquello que pertenece a prácticas y formas de libertad, como la emoción, el juego y la comunicación».

Byung-Chul Han, *Psicopolítica*

La *res* pública ahora resulta virtual porque lo virtual ya es real en el momento en que se monetiza y adquirimos posiciones de poder en función de la productividad de la creación estética de nuestra vida. Diseñamos y maquetamos nuestra vida utilizando técnicas de marketing y audiovisuales. Es decir, se nos ofrece un control parcial sobre medios de producción con fines creativos y sin costes económicos para alimentar el engranaje. La red está en continua ocupación del espacio social y nos ofrece mediante la plasticidad representativa, una ilusión de libertad y dominio a la hora de producir contenido aún bajo la censura propia de cada plataforma, donde la democratización de la publicación solo nos exige unos requisitos formales que nada tienen que ver con aquellos filtros tradicionales. Hablamos aquí de aquel entramado de empresas editoriales, discográficas, publicitarias y productoras cinematográficas que habíamos de superar si aspirábamos a ver nuestro contenido distribuido a escala global. Todo aquel que tenga acceso a la red mediante un *smartphone* tiene la capacidad de crear contenidos audiovisuales. Sin embargo, como hemos comentado anteriormente, no es estrictamente necesario desarrollar estas habilidades técnicas y creativas para seguir siendo productores. Nos vale con la mera actividad: la simple exploración de la red, la navegación, lleva implícita la entrega voluntaria de nuestro tiempo libre y nuestra privacidad. Esto es: aquella privacidad que no se muestra sino mediante los cálculos algorítmicos que predicen nuestro comportamiento mediante la evaluación de la gestión que hacemos de nuestro tiempo y aquellas imágenes a las que prestamos atención.

Ramsés Radi

CAPÍTULO II

LA CONQUISTA DE LA REPRESENTACIÓN

«...en el momento en que uno empieza a ser consciente de su cuerpo es desgraciado. Así que si la civilización vale de algo, tiene que ayudarnos a olvidar nuestros cuerpos y entonces el tiempo pasaría felizmente, sin que nosotros nos diéramos cuenta.»

D. H. Lawrence, *El amante de Lady Chatterley*

1

En esta relación de poder con lo fotografiado, el fotografiarse a uno mismo, lleva a una doble negación donde uno no solo no se posee a sí mismo a través de la fotografía, sino que se desprende del sujeto a merced de la comunidad.

Al hacernos una foto, generamos una descripción sobre nuestra identidad, o bien, una nueva en el que el yo corpóreo participa en cierto grado. De esta manera, este desprendimiento de nosotros mismos se convierte automáticamente en mercancía. Una mercancía que se significa describiendo un estatus que ha de validarse mediante la aceptación social cuantificable, a la vez que enfatiza la diferencia por medio de la exhibición de experiencias, aptitudes, cualidades o posesiones. Se busca, pues, cierta originalidad dentro de los límites de la identificación para generar un estímulo en estos relatos que en la mayoría de los casos van ligados a una mezcla de erotismo, espontaneidad, libertad, bizarrismo y demás cualidades individualistas ligadas a los modelos neoliberales del éxito para ascender en el estatus social acrecentando nuestro poder como referente, como *influencer*.

Sentimos fascinación por estos seres creativos que se han hecho a sí mismos dentro de un inabarcable universo digital repleto de oportunidades. Son aquellos que se exhiben libres de cualquier subyugación, que se exhiben independientes de los anticuados modos de producción mecanizante, del antiguo sueño americano del trabajo duro, de sus rutinas, y que se muestran en un constante desarrollo y crecimiento personal positivo; modelos actualizados que se atreven a ser ellos mismos, explotan su belleza o su singularidad, y que han trascendido su clase social. Reflejan nuestros deseos y nos reflejamos en ellos en cuanto que son aquello que deseamos ver en nosotros: «Ahora parece que todos nadamos en un estanque gigante y que la vida de cualquier persona podría ser la nuestra»[14].

Éstos están siendo más observados por la mayoría y presumen de observar menos para visibilizar su grado de influencia e influenciabilidad. No somos nadie si no somos observados, si nuestras vidas no acaban por ser en un ejercicio de cosificación, objetos accesibles al deseo y la dominación.

El poder de la influencia sugiere un soporte emocional en cuanto aceptación y un rendimiento social, estético y económico. El sujeto ha de generar un estímulo visual para poder reafirmarse mediante la observación. Y es la masa la que decide cuál de estas representaciones son las más deseadas. En esta lucha sin clases, la desjerarquización y la democratización de los medios de producción audiovisual-interactivos, nos empuja a la lucha por la expansión de la representación en las comunidades digitales, por dejarnos ver. Esta ilusión de que todos podemos ser seres destacados «enmascara la división de clases sobre la que reposa la unidad real del modo de producción capitalista»[15].

2

Esta conquista y expansión de la representación de uno mismo como productor y producto a través de la imagen se sirve de los estatus temporales que se actualizan a la misma velocidad a la que pierden interés. Tampoco nos exige un conocimiento o argumentación de lo que se muestra; lo que se representa no legitima el conocimiento de este, en cuanto que solo es necesaria una porción, la parte por el todo como paradigma de la conformidad y la comodidad frente a la especialización y el avance vertiginoso del conocimiento. La manera de reafirmarse en el mundo, de no sentirse excluido, de construir nuestra existencia como animales sociales, está en hacernos visibles.

3

«It must be hard to be a model, because you'd want to be like the photograph of you, and you can't ever look that way».

Andy Warhol, *Fame*

En la era de la interconectividad, la importancia de nuestra representación se registra mediante el consumo visual y la validación como medida cuantificable del impacto provocado en los «otros» consumidores-creadores. Estos «otros» que se acercan y se alejan de nuestra representación, que se masturban con ella, nos observan, nos escuchan y nos guardan en sus galerías, que nos animan, necesitados de atención y sedientos de *feedback* sin conocernos físicamente, y cuya pérdida y desinterés nos esforzamos por evitar generándonos una angustia y ansiedad que nos pondrá a trabajar de nuevo generando más contenidos. Lo que alimentamos en realidad no somos nosotros mismos, sino los nuevos modos de producción que han conseguido mediante el entretenimiento y las nuevas necesidades creadas por el capital, otra forma de explotación de los sujetos aislados en su pantalla. Y cuando miramos esta «cosa», esta creación nuestra, este *biopic*, parafraseando a John Berger[16], miramos la relación entre la cosa y nosotros mismos. Esa cosa que transciende el espacio y el tiempo, a la que alimenta la cultura dominante, que no está viva, pero tiene movimiento, el no-vivo autónomo y autómata configurado con la copia digitalizada de nuestros datos biométricos. Viene de suyo que la imagen producida supere una vez más a lo representado. Hay, pues, una frontera indiscutible entre el yo y el personaje creado. Aquello que lamentaba Warhol tras codearse con las estrellas de Hollywood: «In life, the movie stars can't even come up to the standards they set on film»[17].

CAPÍTULO III

LA INSTRUMENTALIZACIÓN DEL ARTE Y LA DESCENTRALIZACIÓN DE LA BELLEZA

1

El elemento más inmediato para generar nuestro discurso-estimulador es nuestro propio cuerpo. El discurso positivista no solo implica una actitud proactiva, sino también la explotación de nuestra belleza en cuanto a que la gran mayoría de estas representaciones se sustentan mediante aquello que nos pondrá en el foco como protagonistas: la autofoto, el *selfie*.

Hay multitud de herramientas que perfeccionan esta técnica de auto-representación para publicar lo mejor de nosotros mismos. Hemos aprendido a recrear las convenciones de posado que habíamos heredado culturalmente de las estrellas y modelos, y desechamos toda mala foto que nos aleje del ideal. Somos nuestros propios jefes de prensa; e incluso en aquellos discursos de aceptación como el *body positive*, hay un proceso de pose y selección en cuanto a los ángulos de visión para componer el mejor mosaico fragmentario. Se trata tanto de explotar aquello que es convencionalmente bello por el pensamiento dominante como de conseguir la validación de otros estándares para hacerlos así entrar dentro de los cánones de lo bello y, de este modo, integrarlo en la categoría productiva del *sexness*. Todos somos diseñadores en el más profundo sentido estético, y nos servimos de la fotografía y las herramientas de diseño y SEO para amplificar el impacto de nuestra producción, que es a la vez nuestra propia representación. Hay una rentabilidad del sujeto a tiempo completo «reduciendo la magia de nuestra personalidad en la magia averiada de su carácter de mercancía»[18].

2

Se ha producido una descentralización de la belleza, y esta no queda limitada a la localización física del sujeto o a la convención de grandes estrellas y espectáculos restringidos a una élite. No son ya aquel selecto grupo de actores hollywoodienses, el vecino o la vecina de al lado o la pintura avalada por la academia y los expertos. Hay una pugna masiva donde el único aval necesario es el gusto popular cuyo juicio queda reducido simbólica y cuantitativamente a un *like*. Esta aprobación de las masas, que en muchos casos validan las creaciones y las capacidades o singularidades del sujeto, suelen ir ligadas al exhibicionismo y al morbo: que banalizan la propia obra para focalizarse en el cuerpo del emisor. Al igual que en los programas televisivos como *X Factor* perteneciente al formato y a la franquicia de *Got Talent* creada por Simon Cowell, lo importante no es la habilidad en sí (que en este caso sería demostrar un talento) sino la trágica y emocional historia que está contenida detrás de las experiencias de cada participante y confesada a través de lo que llamamos telerrealidad o *reality*. El contenido se instrumentaliza como continente para originar el relato de una experiencia como proyección del Yo, y la obra de arte o el acto artístico se convierten aquí en una pieza de atrezo que nos colorea provocando un desplazamiento del significado en cuanto que prescindimos del entorno al que pertenece. Se altera, por tanto, su contemplación, que ha quedado relegada a un segundo plano. Hay aquí un deseo de alimentar nuestro *biopic* con el valor real, con el fetiche del original legitimado por los precios del mercado. Se van perdiendo así los significados de las obras de arte y la actividad artística en pro del narcisismo promocional donde solo se conserva la autoridad de rareza única y de fetiche mercantil; que, en un intento desesperado por huir de la vulgaridad de millones de imágenes idénticas, abrazan la autoridad cultural o *aurática* del arte para dotar de autenticidad el relato. Estas obras de arte expuestas en segundo plano o citadas en el pie de foto no necesitan ningún tipo de reflexión o argumentación que las soporte. Simplemente deben llamar a la «inspiración», o bien evocar un aspecto espiritual o intelectual del público interactivo que las consume.

CAPÍTULO IV

LA PANTALLA COMO MEDIADORA DE LA EXPERIENCIA NATURAL

1

Todas nuestras experiencias han quedado mediadas por la pantalla. La pantalla crea una separación dentro del espacio en el que suceden los acontecimientos (ya sean artísticos o cualquier escena de la vida cotidiana convertida en «evento» por el usuario) y nos exime de la contemplación libre, y surge la necesidad de compartir aquello que registramos pero que en realidad no vemos ya con nuestros propios ojos, o como diría Martín Prada: «una visura sin mirada humana»[19]. No deja de ser paradójico que para registrar la experiencia, para hacerla parte de nuestro relato y de nuestra existencia en cuanto que nos damos socialmente en la red, nos valgamos de un soporte artificial, y tengamos que alejarnos de vivir directamente la experiencia a través de la totalidad de nuestros sentidos y del sentido natural de la contemplación en pro de las labores de producción.

Al trabajo, a la necesidad de hacer real tanto la experiencia como el protagonismo por medio de la compartición, responde afirmativamente la presión de alimentar a unos seguidores-consumidores que reafirmen este Yo-exhibido. Este deseo de manifestar la libertad y hacerla pública viene seguida paradójicamente de una esclavitud emocional y social a los medios de producción.

En septiembre de 2015 se viralizó la foto que tomó John Blanding para el *Boston Globe* durante la *premiere* de la película *Black Mass*. En ella, aparecía Betty Sushman, una anciana de 88 años apoyada en una de las vallas que le separaban del elenco. En la escena, vemos a Betty rodeada de una multitud exaltada por captar y compartir el evento a través de sus *smartphones*. La imagen de Betty nos transmite un sentimiento de despreocupación y también la sensación de ser la única que realmente está presente en el acto. Mientras que el foco del público que le rodea está tensionado por la obsesión de no perder el registro y apenas mira directamente la escena, Betty (decía Mark Gartsbeyn, en 2018 para *Boston.com* en su obituario donde se volvía a describir la escena) «simply takes it all in with a tight-lipped smile, like a contemporary Mona Lisa in her golden years. She's living in the moment»[20].

2

Si nos preguntamos qué ocurre, si alguien nos preguntase «¿qué miramos?» tras varias horas contemplando la pantalla, «¿qué está ocurriendo delante de nuestros ojos?», nos vemos en la mayoría de los casos obligados a responder: «nada». Porque realmente nada relevante está pasando mientras contemplamos una realidad que no es tal, y que tampoco es la nuestra en este constante flujo de novedades sintéticas y pseudo-eventos[21]. Lo que ocurre en nuestras redes sociales ya sea *Facebook, Instagram, Snapchat* o *Tik Tok* es siempre lo mismo-diferente. ¿Dónde está la relevancia de los hechos cuando caducan instantáneamente y los deseos se ven superpuestos los unos por los otros en un flujo constante de información? Como diría Prada «se trata de hacer imperceptible el paso del tiempo, haciendo de ese proceso el eje operativo de lucrativas estrategias económicas»[22]. Como en toda plataforma publicitaria, la escenografía hedonista aquí es clave para la venta, y se encuentra un sentimiento erótico en este desear, en este acercar la vida cotidiana de los otros que nos provoca tanto déficit de atención y que por muchas actualizaciones que se lancen a la pantalla, jamás se nos mostrarán de manera absoluta y jamás podremos poseerlos de un modo real. Porque el ideal, en cuanto es real, siempre se nos da de un modo fragmentario y difuso; nunca como algo absoluto. Ahí radica el erotismo.

Aunque pudiésemos relacionarnos con estas personas en el mundo real, estas no alcanzarían la perfección expresada en su representación y mucho menos la adecuación a la idea que nosotros tenemos de ellas. No podríamos dominarlas ni poseerlas para nuestro disfrute al igual que hacemos con sus imágenes. Y, como ya mencionamos anteriormente, la imagen en la mayoría de estos casos, supera lo representado. Lo erótico y lo estimulante está, en definitiva, proyectado en la pantalla 24 horas al día.

CAPÍTULO V

AUTOEXPLOTACIÓN, IDENTIFICACIÓN, DESEO Y LIBERTAD DE ELECCIÓN

1

El que, en la mayoría de los casos, las imágenes vayan ligadas a la instrumentalización del cuerpo del emisor, exige el cuidado de su representación ante el gran público. En definitiva, el cuidado de su apariencia propicia el consumo de un determinado tipo de productos, actividades y cultura ligadas al concepto de *Wellness and Beauty*. Un sentimiento que jamás quedará satisfecho en un mercado de competencia global donde todo es remplazable y no hay necesidad de apego, y en el que pretendemos engañar al paso de los años mediante filtros.

Esta lluvia de imágenes de cuerpos deseables nos empuja inevitablemente a la comparación. En cuanto que la totalidad de los individuos son creadores de su propia representación y participan en el juego de la identificación, dicha situación acaba por provocar un trastorno dismórfico[23] colectivo de carácter obsesivo que oprime a los individuos, generando ansiedad y preocupación, y que tiene

efectos dañinos en la autoestima del sujeto, que transfor-
marán nuestra relación con el mundo físico. Vemos aquí
la imagen de nuestro cuerpo distorsionada como contra-
posición a lo visionado. En esta dismorfia, el movimiento
es bidireccional: el sujeto quiere ser deseado, pero también
desear lo deseable. «Allí donde el mundo real se cambia
en simples imágenes, las simples imágenes se convierten
en seres reales y en las motivaciones eficientes de un comportamiento hipnótico»[24]. De este modo volcamos los mismos estándares que nos subyugan y nos oprimen en nuestras
relaciones socioafectivas, despojando al mundo real de su
morbo y su sensualidad. Respecto a este último punto,
permítanme volver una vez más a la bella Fanfarlo y traer
a colación esta breve analogía de cómo el viejo Samuel
Cramer, por más que disfrutaba de sus encantos, acababa
por extinguirse en sus propias fantasías: «Por lo demás,
como sucede a los hombres excepcionales, a menudo estaba
solo en su paraíso, ya que nadie podía habitarlo con él; y
si, por casualidad, él la raptaba y la traía casi a la fuerza,
ella se quedaba siempre atrás: por lo que, bajo el cielo en
que él reinaba, su amor comenzaba a estar triste y enfermo
de melancolía del azul, como un rey solitario»[25].

2

«El régimen neoliberal esconde su estructura coactiva tras la aparente libertad del individuo, que ya no se entiende como sujeto sometido (subject to), sino como desarrollo de un proyecto. Ahí está su ardid».

Byung-Chul Han, *La agonía del eros*

La sociedad neoliberal, en su carácter individualista, nos acaba por convertir en estos reyes solitarios e inconformistas, donde esta aparente democratización de la imagen del éxito hace que los individuos se cuestionen si no se han esforzado lo suficiente dentro de nuestros sistemas capitalistas de producción, donde se hace ver a los individuos como últimos responsables de su fracaso.

El fracaso se interpreta en las sociedades neoliberales como una mala elección. Esta filosofía del *coaching*, el «querer es poder», inunda la red con miles de perfiles, charlas y citas motivacionales para sacar lo mejor de nosotros mismos y optimizar nuestra productividad, mientras que la solución única recae sobre el individuo y no en la modificación o responsabilidad de los organismos socioeconómicos y las superestructuras de poder.

La apología a la libertad en las sociedades poscapitalistas implica que al individuo se le ha otorgado, de alguna manera, el control total sobre sus elecciones. Esto termina en una decepción causada no solo por la relación de las malas elecciones que no llegaron a cumplir con nuestras expec-

tativas, sino también con aquellas opciones que desechamos en su día y que acaban por desencadenar una angustia
hedónica[26]. Un objetivo que se desplaza continuamente un
paso más allá de nosotros. Este drama kierkegaardiano,
donde toda elección es pérdida y donde nada es satisfac-
torio, no encuentra aquí tampoco el sosiego. Precisamente,
como apunta Schwartz: «lo que contribuye a que tengamos
unas expectativas tan elevadas es la cantidad de opciones
con las que contamos y el control que tenemos sobre casi
todos los aspectos de nuestras vidas»[27]. El que se tiene que
actualizar, el que tiene que demostrar constantemente una
experiencia positiva y un cuerpo saludable, es el individuo
porque es poseedor de la libertad de elección, del querer
ser, y los medios le exigen la demostración constante. Este
deseo de actualización constante va ligado a un estilo de
vida hiperactivo enfocado en el rendimiento del individuo.
Es decir, como bien apunta Byung-Chul Han en su *Psicopolítica* publicada en el año 2000, a una optimización constante[28]. Este dejar de lado la negatividad, este positivismo
exasperante, nos va deshumanizando y vaciando. Queda,
pues, este todo poderoso sujeto a la intemperie, entendido
como desarrollo de un proyecto[29], mientras carga sobre
sus hombros esta angustia kierkegaardiana que es el vértigo
de la libertad.

3

«… que es nuestra miopía la que hace a los rostros hermosos y nuestra ignorancia la que hace a las almas bellas, y que necesariamente llega el día en que el ídolo, al ser visto con claridad, ¡no es más que un objeto, no de odio, sino de desprecio y de asombro!»

Charles Baudelaire, *La Fanfarlo y otras narraciones*

Si aceptamos que la interpretación es lo que da sentido al mundo o, como diría Susan Sontag: «Interpretar es empobrecer, reducir el mundo, para instaurar un mundo sombrío de significados. Es convertir el mundo en este mundo»[30], nos invita a reflexionar sobre cómo en este mundo digital contemporáneo se produce una reducción del individuo, que es alejado del contacto social directo mediante las comodidades y separado de su privacidad a través de la exhibición pública mediante los medios de producción audiovisual e interactivos. Hay una negación del individuo y de su naturaleza particular que se homogeneiza en imágenes bajo un paradigma dominante. Esto provoca un choque entre lo físico y lo virtual debido a la posición privilegiada que nos otorgan las tareas de producción. Conocemos los trucos, y eso nos hace conscientes del espectáculo y nos empuja a compararnos en esta alienación, no como individuos, sino como agentes del espectáculo. Bajo la comodidad de la enajenación y el morbo, el gran público no desea carne cruda y, narcotizado por este carrusel de imágenes infinito, se aleja de cualquier interés por desmontar el espectáculo. No solo forma parte como agente activo, sino que es ese vacío que deja el justo espacio que necesita para hacer suyo lo fantástico. Es esta fantasía más bella que lo real en cuanto que se corresponde con nuestros más íntimos deseos y, en muchos casos, el exceso de información es contraproducente. Es esta distancia del sujeto real la clave para mitificarlo, pero también para apropiárnoslo, para romantizar una relación con algo que no es tal.

4

«…el tejido social ha dejado de ser un derecho con el que nacemos para convertirse en un conjunto de opciones deliberadas y agotadoras».

Barry Schwartz, *Por qué más es menos*

Nos hemos convertido en maximizadores[31] que, frente a este infinito de posibilidades y elecciones para llevar a cabo nuestro proyecto, queremos elegir siempre lo mejor. «Cada vez que elegimos damos un testimonio de nuestra autonomía, de nuestro sentido de la autodeterminación»[32]. Pero lo mejor siempre está un paso más allá: en la novedad y en la siempre esperada actualización. Por otro lado: «La capacidad de elegir nos permite decirle al mundo quiénes somos y lo que nos importa»[33], y tiene así un valor expresivo. La elección es, de alguna manera, un acto creativo en cuanto no haya persona humana que pueda decidir sobre todas las opciones posibles en el panorama de una sociedad liberal. Este miedo a quedarse sin representación, a no ser, nos aboca a la *súper*-productividad mediante la compartición de lo privado para revindicar y dar parte de nuestra existencia en la comunidad hiperactiva por medio del registro de nuestras experiencias. Lo importante es que pasen cosas y la veracidad del contenido de estas fotografías está subordinada a la actividad misma, porque «La fotografía no nos da nunca "la" verdad, solamente nos dice que "algo" pasa»[34]. Una falta de pudor que nos predispone de modo espectacular a la *performance* para ocultar lo real tras una pose y un encuadramiento de los elementos de la realidad. ¿Acaso no es la falta de pudor una confesión en la medida en que nos encontramos con una apertura sin condiciones ante el público? Aunque parezca paradójico, este constructo, esta tragedia, se cocina antes de ser servida al gran público (filtros, iluminación, recolocación y una vez más, la pose).

Esta tragedia brinda una catarsis no solo al espectador (mediante la identificación con las pasiones y una proyección modélica a la que seguir) sino también para este pseudoactor que, de alguna manera, interpreta su vida para el gran público, que imita las bellas poses del imaginario dominante que antiguamente veíamos en las modelos de revista o en el arte, y que ahora reproducimos queriendo integrarnos en dicho colectivo mientras olvidamos nuestros propios gestos en este interminable proceso de identificación. Nos hemos convertido en agentes del espectáculo, en una sociedad de *vedettes* que fluye obedeciendo ciegamente al curso de las cosas[35]. Esta actividad lleva implícito la interactividad que nos hace adictos y dependientes de la validación provocada por nuestro proyecto, nuestro yo-expuesto, que se traduce en un nuevo *estar en el mundo* que, a su vez, es sinónimo de estar siendo observado. El mayor miedo se constituye como el miedo a no ser visto, a ser excluido. Este miedo a la exclusión se constituye «como máxima amenaza para la seguridad existencial y como máximo motivo de ansiedad»[36]. Ser observado es sinónimo de reconocimiento social.

CAPÍTULO VI

INTERCONECTIVIDAD, INCERTIDUMBRE Y COMUNIDAD

1

De la misma manera que una crisis en China puede hacernos perder el trabajo en Nueva York, las relaciones sociales ya no dependen exclusivamente del contacto y el espacio físico, y nos vemos afectados por imágenes, reacciones y comentarios enviados directamente a nuestro *feed* desde cualquier parte del planeta.

Sin embargo, frente a esta multitud de relaciones interpersonales, el individuo se muestra en la figura del «protagonista solitario», o bien se refugia en pequeños colectivos donde comparte intereses comunes, pero siempre desde la distancia. Son comunidades de individuos interconectados pero aislados. Este estar pendiente de nuestras conexiones digitales, junto a la sensación de seguridad, hace que descuidemos los modos físicos de relacionarnos, así como la utilización de la pantalla como medio de protección en la confrontación edulcorada hoy a través de mensajes de texto, *gifs* y *emojis*.

Decía Debord que tanto el automóvil como la televisión eran «armas para el reforzamiento constante de las condiciones de asilamiento de las "muchedumbres solitarias"»[37]. Hoy tendríamos que añadir que estas muchedumbres solitarias están aisladas en su interconectividad; es decir, que nos reúnen en cuanto separados. Somos nosotros los individuos activos y aislados en nuestros dispositivos frente al dinamismo de los no-vivos que en su pasiva *motilidad* usamos como máscaras autómatas y emancipadas.

2

Hay un desinterés por la vida real donde existe mayor riesgo y grado de responsabilidad. Si algo o alguien no nos gusta, nos vale con bloquear o suprimir a esa persona de nuestros contactos. Este reducido nivel de compromiso es considerado por el individuo como una garantía para ejercer sus libertades frente a las responsabilidades exigidas por las comunidades reales que, según Bauman, ofrecerían relaciones más seguras a cambio de mayores compromisos[38]. Es esta sociedad líquida[39], acuñada por Bauman por su inestabilidad cambiante, a la que le sigue el cansancio al que se refería Byung al hablar de la falta del «Ser donde surge el nerviosismo y la intranquilidad»[40].

En cada red social nos representamos de un modo diferente y, en muchos casos, con un cambio radical de discurso dependiendo del grado de aceptación, la elección de los contactos y la dinámica de cada plataforma. Así, construimos un perfil que transmita seriedad en LinkedIn, un discurso crítico o agresivo tras el anonimato de un avatar en Twitter, y uno más sexualizado o positivo en las imágenes de Instagram. No es aquí nuestro sujeto contemporáneo un actor que interprete un personaje, sino que «se representa a sí mismo frente al mecanismo»[41], despojándose de su aura, exiliado de su propia persona cual actor de cine benjaminiano. El hombre es aquí, mediante su representación y popularización, un «ser mutilado en su popularización»[42].

CAPÍTULO VII

EL YO-EXPUESTO, EL PENSAMIENTO POSITIVO Y LA MERCANTILIZACIÓN DE LAS PATOLOGÍAS

1

¿En qué medida participa este Yo-expuesto de mi Yo? ¿De qué modo nos vincula este modo de presentarnos y exhibirnos a los demás? En la medida en que el mundo virtual ya constituye la realidad como mediador de las relaciones sociales y económicas reales, hemos de analizar dónde está o qué constituye el sujeto.

Cuando asistíamos a un evento importante y nos vestíamos con nuestras mejores galas, nos presentábamos delante de los demás en la manera en que queríamos ser vistos para atraer nuevas relaciones personales y las buenas opiniones. Estas opiniones se transmitirían más tarde entre nuestros conocidos y sus allegados. El Yo de chaqueta y corbata se separaba entonces de nosotros en un lugar y un tiempo concretos dejando una impresión y un recuerdo en los otros.

Hoy bombardeamos a miles de personas con nuestro *feed* de impresiones digitales que aparecen de forma simultánea en múltiples dispositivos de diferentes ciudades. Aunque, en ambos casos, el mitificar al otro y ejercer influencia es posible, el alcance, el ritmo y la inmediatez, sumado al descenso del riesgo, la libertad y la capacidad de control, hacen que muchos prefieran relacionarse por medio de las redes sociales. Hemos de reflexionar si la representación es un simple instrumento o si en verdad es parte de nuestro Yo íntimo, y si es cierto que la fotografía, ahora más que nunca, «conlleva una síntesis, una hibridación, de la máquina con el espíritu humano»[43] o si somos solo aquel Yo-mutilado donde las partes, una vez arrojadas a los otros, acabarán en mito. Un mito que poco o nada tiene que ver con nosotros excepto en el cincelado de nuestro rostro. Son estos mitos necesarios para todos, en cuanto que nos hacen soportar la contradicción de nuestra existencia y nos sirven como enajenación y goce estético-erótico.

2

En la época de la cultura digital, como hemos establecido anteriormente, cada individuo es a su vez su propio equipo creativo y esto nos hace a su vez conscientes del proceso de manipulación de lo real. Sin embargo, al individuo en su desesperación, siempre le quedará la angustia generada por la participación de lo real y la estadística de aquel contenido que no está generado por él mismo. Esto es que, partiendo de la premisa de manipulación y sesgo de lo real, ¿cuánto de real es aquello que se nos ofrece en la vida de los particulares? Toda producción implica una serie de elementos reales, en este caso, el acceso a lugares, materiales y un sujeto base de ciertas características sobre el que realizar manipulaciones estéticas. Existe una centralización del cuerpo como instrumento, y esta auto-cosificación que el sujeto propicio sobre sí mismo exige también los medios económicos y unos mínimos de estilo de vida para conseguirlo y mantenerlo.

Así pues, se convierte en una obligación para el sujeto compararse constantemente con el otro y consigo mismo, pues se autoanaliza por medio de las herramientas cuantificadoras proporcionadas por el sistema. Esta, como ya hemos dicho, es una carrera interminable.

3

Hay una disposición generalizada a mostrar una sociedad positiva y ausente de sufrimiento en lo particular. Mientras tanto, denunciamos el sufrimiento de colectivos desde la generalidad como otro de los modos de *input* positivo de la sociedad moderna, que se reclama y se procesa a distancia: bien mediante 240 caracteres o en hoja de firmas online. Sin implicaciones personales y siempre invadidos por lo políticamente correcto, todo *trending topic* lleva insertado una dualidad antagónica, que como su propio nombre indica, irá mutando o desapareciendo para ser sustituido por nuevas temáticas que a su vez serán olvidadas en cuestión de horas o de días. Esta ausencia de profundidad en la información, sumada a la ansiedad de exhibir una respuesta pública, va sujeta a la necesidad de generar una actividad y un contenido que de por sí no tiene fundamento, sino que viene ya dado por la tendencia que se suele rebelar en ella y su contraria: un antagonismo bilateral donde se busca más la emocionalidad del discurso que la racionalidad o la base científica del relato. Estamos relegados a la contemplación constante de imágenes bajo un déficit de atención. Una mirada pasiva de datos en los que no merece la pena detenerse más de tres segundos y, para cuando la verdad da muestras de su existencia, la noticia ha perdido el interés general y la imagen ya ha dejado su imprenta emocional en el sujeto afectado. Es un discurso de portada, de titular transitorio en el que jamás se puede penetrar, en el que no se ha de profundizar.

4

La sociedad de la transparencia ha establecido la necesidad de hacer público lo privado mediante un discurso positivo, y notamos sus efectos en la normalización de patologías tales como la depresión, que, a través de la representación estética y por medio de la sexualización y la mercantilización cargada de morbo llenan hoy las redes con la vida de los Otros. Hay un goce estético en cuanto nos vemos capaces de representar o representarnos visualmente en nuestras patologías y el reconocimiento por la comunidad de internautas que hará que lo normalicemos, representándose como aquellas imperfecciones bellas y consumibles que son partes inseparables de nuestra realidad. Es la sociedad confesional «…que convierte la exposición pública de lo privado en una virtud pública y en una obligación, y también que excluye de la comunicación pública a cualquiera que se resista a ser reducido a sus confidencias privadas, junto con todos aquellos que se niegan a hacer confidencias»[44]. Esto nos hace convertir nuestras redes sociales en un confesionario a modo de *reality show*, y nos hemos visto empujados a normalizar aspectos negativos, incapacitantes e incluso grotescos, para positivarlos en imágenes aptas para el consumo de masas que a su vez se sienten identificadas con dichos productos. Unos productos que, irónicamente, han sido consecuencia potencial del mismo sistema de explotación.

Estamos positivando el sufrimiento y asumiéndolo como parte del mecanismo natural y humano mediante la representación visual para ser consumido como producto estético en las redes sociales. Una vez más, la lucha en las redes para empoderar ciertos estereotipos y problemáticas surge mediante la individualidad, alejados de los espacios de reunión y colectivos mediados tradicionalmente por procesos normativos y de compromiso. Una imagen ligada a un hashtag basta para revindicar el discurso total bajo el que creemos ampararnos.

Actualmente, (diciembre de 2020) hay más de 22.5 millones de imágenes etiquetadas con *#depression* en Instagram. El propio proyecto de suyo ya nos empuja a la falta de autoestima y a la depresión que estos años se han sumado a la lista de las nuevas tecnopatías. También están el FOMO (*Fear of missing out*) que ya padecía el 13% de la población en 2018 según el *A&M Health Science Center College of Medicine* de Texas[45] o la llamada «depresión de Facebook», en una espiral de comparaciones interminables a modo de aquel relato de Cortázar llamado *Preámbulo a las instrucciones para dar cuerda al reloj*, en el que el protagonista se convertía en esclavo de su reloj. En lo que nos incumbe, nosotros nos hemos vuelto esclavos de nosotros mismos.

CAPÍTULO VIII

EL VOYERISMO Y LA ILUSIÓN DE ANONIMATO

«La depresión es una enfermedad narcisista. Conduce a ella una relación consigo mismo exagerada y patológicamente recargada. El sujeto narcisista-depresivo está agotado y fatigado de sí mismo».

Byung-Chul Han, *La agonía del eros*

1

Este reclamo constante del estímulo, este navegar por una red llena de reclamos atractivos, nos acerca en un principio a la figura del *badaud*[46], donde la fijación por la novedad en algún momento desembocará en la focalización por la novedad particular sobre alguien. Estaremos, entonces, ante la figura del *voyeur*, más comprometido con su objeto. Bajo este concepto de la dominación erótica, nos encontramos con una cosificación total de la humanidad que puede ser contabilizada y vigilada. Esta cosificación es voluntaria en cuanto que constituye un elemento clave del narcisismo.

Para aquellos que quieran desmarcarse de este voyerismo, solo debemos recordarles que Robin Dunbar estableció el número del mismo nombre (el número Dunbar) para delimitar a 150 las relaciones humanas de valor impuestas por la evolución biológica[47]. El resto, diría refiriéndose a Facebook, es mero voyerismo[48].

Cuando hablamos del concepto clásico de *voyeur*, nos vienen a la mente aquellos personajes sigilosos y precavidos, cuya situación de riesgo suponía la exposición pública como castigo y, dado que aquello eran prácticas escondidas, a la condición de perverso. Aquellos personajes temían más que nada en el mundo ser descubiertos, algo que también lo hacía más excitante; algo que sin embargo todavía se conserva en el formato digital a pesar de que los riesgos sean bastante menores.

Aquel ojo de la cerradura desde la que apretábamos la mirada, aquella sombra sobre la que nos agazapábamos para contemplar el contenido erótico y morboso del otro lado del ventanal, se ha convertido en la ventana de ventanas, y, dado que el sujeto no puede ver y seguir todas a la vez, se ve empujado a refinar el gusto y seleccionar aquellas vidas específicas que le generan más placer. Y esto es, una vez más, consecuencia de la imagen que nos acerca el objeto; es nuevamente la fotografía, cómplice del recorte de la distancia.

La fotografía, al igual que la televisión, ha marcado claramente la barrera de seguridad entre el observador y aquello que se muestra, dejándonos poseer a la cosa ya sin vida, y sin exponernos a ningún tipo de réplica en un movimiento unilateral que es dominado por el observador. Existe un sentimiento de propiedad en términos de acceso y almacenamiento al contenido de estos seres que no están realmente y que contemplamos tanto semidesnudos como en su cotidianeidad. Mientras el *voyeur* tenga acceso al imaginario, ya bien sea mediante una plataforma compartida o mediante los sistemas de almacenamiento, existe el sentimiento de dominación. El acceso es sinónimo de una propiedad que no pesa; es el *hallway* de un hotel interminable donde no hace falta mirar por el ojo de la cerradura porque todas las puertas han quedado abiertas o entornadas. Un hotel donde los huéspedes a los que observamos y con los que nos deleitamos no son otra cosa que una representación que ha superado a los propios individuos representados. La distribución libre y total del contenido hace a nuestro *biopic* superar la limitación del espacio y traspasar fronteras; hay una pseudo-omnipresencia en este acceso democrático a la información. En cualquier caso, hacer un desnudo, como bien apuntaba John Berger[49], lleva ya implícito el materializar la desnudez en una mercancía, en una cosa.

2

La observación sin interacción nos recuerda a la frontera de la pantalla, del escenario de la clásica sociedad del espectáculo. Hay, pues, una ilusión de dominación del objeto, de hacerlo nuestro e incluso almacenarlo en nuestros dispositivos de manera anónima. Esto no es más que una ilusión puesto que todo queda registrado en el *Big data* (como, por ejemplo, los tiempos de visionado). Así pues, se convierte este ser invisible en un actor que, sin intervenir activamente, queda registrado y cuantificado. Aquel que calla, ya nos está expresando, mediante sus tiempos algo, porque está siendo objeto de medición. Esta es la paradoja del voyerismo moderno: que, aunque nos escondamos de las entidades a las que cosificamos, todas nuestras visualizaciones accionarán el mecanismo que optimizará nuestro consumo y alentarán nuestra producción. Solo estamos a refugio del individuo al que cosificamos y aquel particular no es más que una pieza más al otro extremo del engranaje.

El poder del anonimato parece un factor decisivo frente a la exposición total. La invisibilidad es una habilidad o superpoder recurrente en los personajes de ficción. Es un privilegio allá donde todo lo demás se da ya expuesto, donde la privacidad fluye en lo alto de la nube de las grandes corporaciones mediáticas. Podríamos decir que la única manera de liberarnos y escapar realmente a este triple sistema de vigilancia no sería otra cosa que prescindir de toda plataforma; vivir *off the grid*.

Sin embargo, como hemos visto anteriormente, en la cultura de la transparencia aquel que no se da a los demás es sospechoso y será excluido por la sociedad de la compartición total, puesto que toda experiencia está ya mediada por las redes sociales. En todas las mesas hay siempre un *smartphone* esperando para registrar el momento.

BIBLIOGRAFÍA

BAUDELAIRE, C., La Fanfarlo y otras narraciones, Editor digital Titivillus, 2015.

BAUMAN, Z. & LYON D., Vigilancia líquida, Barcelona: Ed. Paidós, 2013.

BENJAMIN, W., Discursos interrumpidos, Buenos Aires: Ed. Taurus, 1989.

BERGER, J., Modos de ver, Barcelona: Editorial GG, 3ª Edición, 2019.

CHANDLER, D. & FUCHS, C., «Digital Objects, Digital Subjects: Interdisciplinary Perspectives on Capitalism, Labour and Politics in the Age of Big Data». En Introduction y Karl Marx in the Age of Big Data Capitalism, 1-17, 53-73. London: University of Westminster Press, 2019

DEBORD, G., La Sociedad del espectáculo, 1-60. Valencia: Ed. Pretextos, 2000.

DUMBAR, R., You've Got to Have (150) Friends, New York Times, Section WK of the New York edition, Dec. 26, 2010, 15.

GUBERN, R., El Eros electrónico, Madrid: Editorial Taurus, 2000.

HAN, BYUNG-CHUL, Psicopolítica, Neoliberalismo y nuevas técnicas de poder, Barcelona: Herder Editorial, 2013.

HAN, BYUNG-CHUL, La sociedad del cansancio, Barcelona: Herder Editorial, 2ª Edición, 2017.

HAN, BYUNG-CHUL, La agonía del Eros, Barcelona: Herder Editorial, 2ª Edición, 2018.

JIMÉNEZ, J., Teoría del arte, Madrid: Editorial Tecnos, 2002-2003.

LAWRENCE D. H., El amante de Lady Chatterley, Barcelona: Bruguera, 1981.

PRADA J.M., El ver y las imágenes en el tiempo de Internet, Madrid: Akal, Estudios visuales, 2018

SONTAG, S., Contra la interpretación y otros ensayos, Barcelona: Editorial Debolsillo, 2018.

SCHWARTZ.B., Por qué más es menos, la tiranía de la abundancia, 178- 440. Madrid: Taurus, 2005.

TAGG, J., El peso de la representación ensayos sobre fotografías e historias, capítulo 1, Democracia de la imagen: el retrato fotográfico y la producción de mercancías, Editorial Gustavo Gili, 2005.

UMBRAL, F., Retrato de un joven malvado, Barcelona: Editorial Destino, 1975.

WARHOL, A., Fame, Milton Keynes (UK): Penguin Classics, 2018.

REFERENCIAS ONLINE

GARTSBEYN, M., Remembering Betty Sushman, the elderly woman who 'lived in the moment' in viral photo, US, May 31, 2018, https://bit.ly/4kAevHi (Consultado el 1-5-2020).

HERRANZ, A., El síndrome FOMO: llega la adicción a las redes sociales, Madrid, https://bit.ly/4lnFS8I (Consultado el 7-05-2020).

Tecno Hotel, TikTok, ¿la red social a tener en cuenta en 2020? https://bit.ly/4lH87Pj(Consultado el 25-4-2020).

Ramsés Radi

NOTAS

[1] JOSÉ JIMÉNEZ, Teoría del arte (Madrid, Editorial Tecnos, 2002-2003), 195.

[2] JUAN MARTÍN PRADA, El ver y las imágenes en el tiempo de Internet (Madrid, Akal, Estudios visuales, 2018), 165.

[3] «El espectáculo en general, como inversión concreta de la vida, es el movimiento autónomo de lo no-viviente». GUY DEBORD, La Sociedad del espectáculo (Valencia, Ed. Pretextos, 2000), 3.

[4] JUAN MARTÍN PRADA, El ver y las imágenes en el tiempo de Internet.

[5] DEBORD, G., La Sociedad del espectáculo, 3.

[6] DEBORD, G., La Sociedad del espectáculo, 3.

[7] Esta última, desarrollada por ByteDance y que de 2016 a 2020 ha acumulado ya más de 500 millones de usuarios activos en todo el mundo. Ver Tecno Hotel, TikTok, ¿la red social a tener en cuenta en 2020? https://tecnohotelnews.com/2020/01/08/tik-tok-red-social-2020/

[8] «No matter how one defines capital and capitalism, many scholars and observers agree that capitalism is a societal formation that is based on the logic of the accumulation of money and power. It tries to instrumentalise everything for this purpose, and therefore produces a highly instrumental society based on what Horkheimer (2004) terms instrumental reason. If capitalism is a societal formation, then digital capitalism may be a stage and phase of its development and/or a dimension and mode of the production of life and society. In turn, Big Data capitalism is a way of signifying the latest development of the digital within the broader context of the economy, politics, culture, ideology, domination and exploitation. » DAVID CHANDLER & CHRISTIAN FUCHS, Digital Objects, Digital Subjects:

Interdisciplinary Perspectives on Capitalism, Labour and Politics in the Age of Big Data (London, University of Westminster Press, 2019),10.

[9] «In May 2017, The Economist's front cover headlined a feature on Big Data titled 'The World's Most Valuable Resource'. The feature argued that data is the world's new oil» CHANDLER, D & FUCHS, C., Digital Objects, Digital Subjects, 1.

[10] CHANDLER, D & FUCHS, C., Digital Objects, Digital Subjects, 60.

[11] DEBORD, G., La Sociedad del espectáculo, 6.

[12] CHANDLER, D & FUCHS, C., Digital Objects, Digital Subjects, 58.

[13] «Facebook and other social networking sites allow us to keep up with friendships that would otherwise rapidly wither away. And they do something else that's probably more important, if much less obvious: they allow us to reintegrate our networks so that, rather than having several disconnected subsets of friends, we can rebuild, albeit virtually, the kind of old rural communities where everyone knew everyone else. Welcome to the electronic village». ROBIN DUNBAR, You've Got to Have (150) Friends (New York Times, Section WK of the New York edition, Dec. 26, 2010), 15.

[14] BARRY SCHWARTZ, Por qué más es menos, la tiranía de la abundancia (Madrid, Taurus, 2005), 178.

[15] DEBORD, G., La Sociedad del espectáculo, 28.

[16] «Nunca miramos solo una cosa; siempre miramos la relación entre las cosas y nosotros mismos», JOHN BERGER, Modos de ver (Barcelona, Editorial GG 3ª Edición 2019) 9.

[17] ANDY WARHOL, Fame, Milton Keynes (UK, Penguin Classics, 2018) 27.

[18] WALTER BENJAMIN, Discursos interrumpidos (Buenos Aires, Ed. Taurus, 1989), 39.

[19] PRADA J.M., El ver y las imágenes en el tiempo de Internet,8.

[20] GARTSBEYN, M., Remembering Betty Sushman, the elderly woman who 'lived in the moment' in viral photo, US, May 31, 2018, https://bit.ly/4kAevHi

[21] PRADA J.M., El ver y las imágenes en el tiempo de Internet, 10.

[22] PRADA J.M., El ver y las imágenes en el tiempo de Internet, 35.

[23] ROMÁN GUBERN, El Eros electrónico, (Madrid, Editorial Taurus, 2000).

[24] DEBORD, G., La Sociedad del espectáculo, 7.

[25] BAUDELAIRE, C., La Fanfarlo y otras narraciones, 62.

[26] «La cuantía hedónica real aparece cuando una experiencia supera las expectativas; la angustia hedónica sobreviene cuando la experiencia no consigue alcanzar las expectativas». SCHWARTZ. B., Por qué más es menos, 172.

[27] SCHWARTZ. B., Por qué más es menos, 173.

[28] BYUNG-CHUL HAN, Psicopolítica, Neoliberalismo y nuevas técnicas de poder, (Barcelona, Herder Editorial, 2013).

[29] BYUNG-CHUL HAN, La agonía del Eros, (Herder Editorial, 2ª Edición, Barcelona, 2018).

[30] SUSAN SONTAG, Contra la interpretación y otros ensayos, (Barcelona, Editorial Debolsillo, 2018) 19.

[31] «La palabra "maximizar" implica un deseo por tener lo «mejor» y sugiere están

[32] SCHWARTZ. B., Por qué más es menos, 94.

[33] SCHWARTZ. B., Por qué más es menos, 94.

[34] JIMÉNEZ, J., Teoría del arte, 194.

[35] «El agente del espectáculo puesto en escena como vedette es lo contrario al individuo, el enemigo del individuo en sí mismo tan claramente como en los otros. Desfilando en el espectáculo como modelo de identificación, ha renunciado a toda cualidad autónoma para identificarse con la ley general de la obediencia al curso de las cosas». DEBORD, G., La Sociedad del espectáculo, 23.

[36] BAUMAN, Z. & LYON D., Vigilancia líquida, 25.

[37] DEBORD, G., La Sociedad del espectáculo, 7.

[38] «En términos de seguridad, las comunidades tradicionales baten a las redes por goleada. En términos de libertad, se da el resultado contrario (después de todo, solo necesitamos darle a la tecla «suprimir» o decidir dejar de contestar a los mensajes para librarnos de las interferencias)». ZYGMUNT BAUMAN & DAVID LYON, Vigilancia líquida, (Barcelona, Ed. Paidós, 2013), 41.

[39] BAUMAN, Z. & LYON D., Vigilancia líquida.

[40] BYUNG-CHUL HAN, La sociedad del cansancio, (Barcelona, Herder Editorial, 2ª Edición, 2017), 44.

[41] BENJAMIN, W., Discursos interrumpidos, 35.

[42] «Un hombre no cabe en un busto de piedra, ni en una biografía, ni en una foto. Popularizarse es mutilarse». FRANCISCO UMBRAL, Retrato de un joven malvado, (Barcelona, Editorial Desti-no, 1975), 301.

[43] «La fotografía conlleva una síntesis, una hibridación, de la máquina con el espíritu humano, con el individuo que actúa a través de ella.

De ahí su fuerte carácter performativo, pragmático. Dependiendo en cada caso de la finalidad, el fotógrafo actúa de un modo u otro, pero se podría generalizar la observación de Heinrich Schwarz (1987,82) cuando indica que la actividad fotográfica requiere una organización racional y emocional, con vistas a eliminar el desorden y, tanto como sea posible, el accidente». JIMÉNEZ, J., Teoría del arte, 194.

[44] BAUMAN, Z. & LYON D., Vigilancia líquida, 31.

[45] El Correo, El síndrome FOMO: llega la adicción a las redes sociales, https://bit.ly/4lnFS8I

[46] «…en la red hoy el mayor de los protagonismos sería una renovada figura del badaud, del mirón, de aquel que en la ciudad moderna siempre andaba sumergido en un estado de distracción acrítica, de mirada compulsiva y consumista, anonadado por la infinidad de estímulos visuales en los que necesitaba entretenerse, necesitado ansiosamente de novedad». PRADA J.M., El ver y las imágenes en el tiempo de Internet, 65.

[47] «Our circle of actual friends remains stubbornly small, limited not by technology but by human nature. What Facebook has done, though, is provide us a way to maintain those circles in a fractured, dynamic world», DUNBAR, R., Ibid. (P.15).

[48] «No matter what Facebook allows us to do, I have found that most of us can maintain only around 150 meaningful relationships, online and off what has become known as Dunbar's number.Yes, you can "friend" 500, 1,000, even 5,000 people with your Facebook page, but all save the core 150 are mere voyeurs looking into your daily life» DUNBAR, R., Ibid.

[49] «Para que un cuerpo desnudo se convierta en "un desnudo" es preciso que se lo vea como un objeto. (Y verlo como objeto estimu la hacer uso de él como un objeto.) La desnudez se revela a sí misma. El desnudo se exhibe». BERGER, J., Modos de ver, 54.

ACERCA DEL AUTOR

Ramsés Radi Hernández (Madrid, 1982)

Filósofo, fotógrafo y creador audiovisual. En 2008 obtuvo el segundo premio de Creación Videográfica UAM como director con Sucesos inexplicables y también al segundo mejor cortometraje de la Universidad Carlos III (2010) en calidad de director de fotografía. Trabajó como colaborador en la Revista de Filosofía Bajo Palabra de la Universidad Autónoma de Madrid a título de director audiovisual en la realización de piezas como: el Seminario de filosofía virtual (2009), Emmanuel Faye & Julio Quesada: Heidegger (2009), Eutifrón (2010), Desafíos de la pluralidad (2013) y para la Universidad Rey Juan Carlos con Filosofía en prisión (2020). Emigra a Vancouver en 2010 y más tarde a Brighton, Hong Kong, Shanghai y Berlín. Tras regresar a Madrid (2018), su ciudad natal, cuenta ya con más de 40 publicaciones en revistas como Kaltblut, Toksick, O-E Magazine, Purple Haze o Haute Punch.

Poco después es nombrado director creativo de la agencia de marketing y publicidad 360 Agency Berlín en Alemania. Retoma sus estudios de Filosofía en la UNED en el año 2018 y centra su campo de estudio e investigación en la cultura digital. En 2020 comienza a escribir en calidad de colaborador para la revista Dialektika.

ACERCA DE ESTA EDICIÓN

Esta obra ha sido posible gracias al trabajo colectivo de quienes comparten un compromiso con el pensamiento crítico, la creación rigurosa y el diálogo responsable. Bajo el sello de DK, se reúne una comunidad diversa de filósofos, artistas, científicos y creadores decididos a afirmar la libertad, la reflexión y la responsabilidad como ejes centrales de nuestro tiempo.

Ramsés Radi

www.ingramcontent.com/pod-product-compliance
Lightning Source LLC
Chambersburg PA
CBHW032120280326
41933CB00009B/918